Geschichten und Gedichte

aus der Reihe
„Perlen unserer Erinnerung"

GESAMMELTE PERLEN

2021

Carmen Sabernak (Hrsg.)

Bibliografische Information der Deutschen Nationalbibliothek:

Die Deutsche Nationalbibliothek verzeichnet diese Publikation in der Deutschen Nationalbibliografie; detaillierte bibliografische Daten sind im Internet über dnb.d.nb.de abrufbar.

Impressum

2021 © Carmen Sabernak, alle Rechte vorbehalten

Herstellung und Verlag:

BoD - Books on Demand, Norderstedt

Satz und Layout:

Nicole Mewes

Bildnachweise:

© by-studio © sonne fleckl - Fotolia.com
© Nicole Mewes , Carmen Sabernak

ISBN: 9783755741244

Inhalt

Vorwort

Carmen Sabernak hatte die Idee, die Erinnerungen unterschiedlicher Menschen zu sammeln.

Erinnerungen, die wertvoll wie Perlen sind. Sie fragte in der Teltower AWO-Gruppe nach und es fanden sich schnell MitstreiterInnen.

Einmal im Monat trafen sie sich, tauschten Erinnerungen aus, lasen aus ihren Geschichten und verbrachten schöne gemeinsame Stunden. So wurde recht schnell der Entschluss gefasst, diese „Perlen unserer Erinnerungen" in kleinen Büchern aufzubewahren.

Die Geschichten sind so unterschiedlich, wie die Menschen, die sie erlebt haben. Einzelne Geschichten wurden zum Teil schon vor einigen Jahren verfasst. Deshalb finden sich teilweise auch noch Texte in der alten Rechtschreibung. Diese wurden absichtlich nicht angepasst, denn es sind Perlen aus der betreffenden Zeit.

Wir wünschen Ihnen ebenso viel Vergnügen beim Lesen, wie wir Freude hatten, das Buch zu gestalten.

Herzliche Grüße
das AutorInnenteam

Jung sein! Gedicht von Marc Aurel

Die Jugend kennzeichnet nicht einen Lebensabschnitt,
sondern eine Geisteshaltung;
sie ist Ausdruck des Willens,
der Vorstellungskraft und der Gefühlsintensität.
Sie bedeutet Sieg des Mutes über die Mutlosigkeit,
Sieg der Abenteuerlust über den Hang zur Bequem-
lichkeit.

Man wird nicht alt, weil man
eine gewisse Anzahl Jahre gelebt hat:
Man wird alt, wenn man seine Ideale aufgibt.
Die Jahre zeichnen zwar die Haut
– Ideale aufgeben aber zeichnet die Seele.
Vorurteile, Zweifel, Befürchtungen
und Hoffnungslosigkeit sind Feinde,
die uns nach und nach zur Erde niederdrücken
und uns vor dem Tod zu Staub werden lassen.

Jung ist, wer noch staunen und sich begeistern kann.
Wer noch wie ein unersättliches Kind fragt: Und dann?
Wer die Ereignisse herausfordert
und sich freut am Spiel des Lebens.

Ihr seid so jung wie Euer Glaube.
So alt wie Eure Zweifel.
So jung wie Euer Selbstvertrauen.
So jung wie Eure Hoffnung.
So alt wie Eure Niedergeschlagenheit.

Ihr werdet jung bleiben,
solange Ihr aufnahmebereit bleibt:
Empfänglich fürs Schöne, Gute und Große,
empfänglich für die Botschaften der Natur,
der Mitmenschen, des Unfaßlichen.
Sollte eines Tages Euer Herz
geätzt werden von Pessimismus,
zernagt von Zynismus,
dann möge man Erbarmen haben
mit Eurer Seele – der Seele eines Greises.

Marc Aurell

Im Alphabet durchs Jahr

Am Anfang steht der Januar –
die Winterzeit mit Eis und Schnee.
Das Land umhüllt ein weißes Kleid,
tiefgefroren ruht der See.

Beim Folgemonat Februar
an Faschingstreiben mancher denkt.
Man ruft „Helau", „Alaaf", „Hurra" –
und seine Narrenkappe schwenkt.

Krokusse und Veilchen ihre Blüten zeigen,
der Frühling Einzug hält im Land.
Im Monat März beginnt des Lenzes Reigen,
der Winter musste weichen und verschwand.

Der April als launischer Gesell' bekannt:
mal lässt er's regnen oder schnein'n.
Dann schickt er Hagelschauer übers Land und –
welch' ein Wunder – Sonnenschein!

Ein milder Hauch im Wonnemonat Mai,
es grünt und blüht an allen Ecken.
Die Schmetterlinge flattern bunt herbei,
die Bienen ihre Köpfchen in die Blüten stecken.

Frische Luft und Sonnenschein:
im Monat Juni wir den Sommer grüßen.
Wir fahren in die Welt hinein
und können unbeschwert den Tag genießen.

Golden strahlt die Juli-Sonne,
Urlaubsfreuden, Strand und Meer.
Auf Berge klettern – welche Wonne –
diese Zeit liebt jeder sehr.

Hunds-Tage im August sind wohlbekannt,
sie bringen Hitze und Gewitter übers Land.
Die Ernte wird nun eilends eingebracht –
vom frühen Morgen bis zur späten Nacht.

Im September reicht der Sommer eilig dann
geschwind dem gold'nen Herbst den Stab,
damit der nun regieren kann
und alles gibt, was er zu bieten hat.

Jedes Jahr zur gleichen Zeit
die Oktoberstürme toben.
Die bunten Blätter fliegen weit,
die Vogelschwärme zieh'n am Himmel droben.

Kein Monat wie November ist so trüb' und traurig,
der Wolkenvorhang deckt die Sonne zu.
Der Wind heult manchen Tag so schaurig,
erst spät am Abend gibt er Ruh'.

Leuchten im Dezember hell die Kerzen,
zieht Licht und Freude in die Häuser ein.
Es duften köstlich Pfefferkuchenherzen,
die Weihnachtszeit läßt alle glücklich sein!

Das ABC hat Buchstaben noch mehr,
drum folgt ein Blumenreigen hinterher.

Maiglöckchen, Narzissen, Osterglocken –
im Lenz mit bunter Pracht verlocken.

Petunien, Rosen, Rittersporn –
nur eine trägt den spitzen Dorn.

Sonnenblumen, Tulpen, Usambaraveilchen –
kann man zum Geburtstag überreichen.

Vergissmeinnicht und Weihnachtsstern,
auch Zinnien haben manche gern.

Zu Ende ist das Alphabeth –
das Jahr im Reigen schnell vergeht!

Hannelore Wolf, Februar 2021

Der Frühling kommt!

Ich kann nicht mehr still sitzen.
Nun werde ich draußen
eine Runde „flitzen".
Ich werde die frische Luft genießen,
denn Blätter, Gras und Blumen sprießen.
Wenn ich nach Hause komme
werd' ich ruh'n
und mal gar nichts tun.

Gela, 28.03.2021

Frühling

Mitten im Winter sitze ich da
und denke mich weiter ein paar Monate gar.
Noch scheint die Welt im Schlafe zu schweigen.
Die Natur, die Menschen, nichts will sich zeigen.

Doch im Innern schon regt sich Freude ganz leise.
Es wird heller auf wundersame Weise.
Dann werd ich mich recken und strecken und sagen
– Ja! –
Das Leben geht weiter, der Lenz ist da!
Kann die Sonne wieder öfter sehen,
sammle alle Kräfte, Musik ist schön.
Das zarte Grün, der Vögel Gesang,
trotzdem ist manches Herze so bang.

Ein Virus hat uns heimgesucht, gefährlich und fremd.
Wer hat es geschickt, wo kam es her?
Menschen haben Angst und fürchten sich sehr.

Auch Pollen fliegen durch die Lüfte, es kommt zu
Allergien, deren gibt's viele.
Tropfen, Pillen oder ein Pikser mildern das Niesen,
so kann man dann den Lenz genießen.

Der Duft des Frühlings hüllt uns Menschen ein.
Wir gehen raus und machen uns fein.
Die Kraft der Natur lehrt uns das Wachsen und Werden.
Wir sollten es nicht durch Egoismus gefährden.

Ja, der Frühling, noch ist er nicht da,
aber gefühlt bin ich ihm schon nah.

Margrit Prauß, Januar 2021

Häusle-Bauer im Federkleid

Ein emsig Elsternpaar entdeckt
im frisch begrünten Baume –
ein rundes Mistelkugelwerk,
so schön wie nur im Traume.
Es wiegt sich oben im Geäst,
man kann in luft'gen Höhen
sich bauen dort ein sich'res Nest
und in die Weite sehen.
Kein andrer Vogel hat bisher
dies Bauwerk auserkoren,
nun werden bald zur Freude sehr
die Jungen hier geboren.
Das Vogelpärchen fliegt und schaut
tagtäglich nach der Wohnung.
Trotz Sturm und Regen wird gebaut –
da gibt es keine Schonung.
Kein Feind stört dieses Tagewerk,
es wächst – ist bald vollendet.
Doch plötzlich hat sich über Nacht
das Glück für sie gewendet.
Der Elstern Feind hat sie erspäht,
die Kämpfer ausgerichtet.

Nun greifen Krähen böse an,
die Elstern sind geflüchtet.
Wer wohl den Kampf gewinnen wird?
Wir schaun' gespannt zum Neste.
Wir wünschen Sieg dem Elsternpaar –
es wär für sie das Beste.

Hannelore Wolf, Mai 2021

Frühlingssehnsucht

Ich ging Anfang Februar durch meinen Garten
und sah an der Garage einen Spaten.
Ich hatte da ja mal einen Traum,
von einem schönen Apfelbaum.
Die Sorte wäre mir eigentlich egal,
denn ich habe ja sowieso die Wahl.
Der Schnee bedeckt Beete und Rasen im Garten,
da kann ich noch lange auf den Frühling warten.
Ein Eichhörnchen hüpft von Baum zu Baum,
es ist so niedlich man glaubt es kaum.
Die vielen Nüsse die ich verfüttert habe,
ich glaube das Eichhörnchen fand das als eine tolle Gabe.
Es blüht die rote und gelbe Zaubernuss,
dann ist bald mit dem Winter Schluss.
Der Spaten muss noch warten,
denn ich ziehe mir jetzt erst einmal Tomaten.
Die Sonne meint es wenigstens gut mit mir,
da gehe ich gleich besinnlicher durch mein Revier.
Der meteorologische Frühlingsanfang ist am 1. März,
darauf freut sich schon mein kleines Herz.

Ellen Wutschik, Februar 2021

Corona ade!

Corona ade: Scheiden tut weh.
Aber dein Scheiden macht,
daß mir das Herze lacht.

Corona ade: Scheiden tut weh.
Gerne vergeß' ich dein.
Kannst immer ferne sein.

Corona ade! Scheiden tut weh.
Gehst du nicht bald nach Haus,
machen wir dir den Garaus.

Corona ade! Komm nicht in uns're Näh'!
Geben dir sonst den Rest.
Verdirb' nicht das Weihnachtsfest!
Corona ade! Komm nicht in uns're Näh'!

Gela, 8.11.2020

(Frei nach: Winter ade.)

Corona - Zeit

Hell leuchtet uns der Sonne Schein –
lasst uns optimistisch sein!
Ist die Welt auch momentan
nicht zum Frohsinn angetan,
stoppt zur Zeit des Lebens Lauf –
hält das Virus uns nicht auf!
Wir essen, trinken, lachen gerne,
schau'n am Abend in die Sterne.
Täglich frische Luft mal tanken –
das hält fit, auch die Gedanken.
Gemeinsam an die Zukunft denken
und dem Leben Hoffnung schenken!

Hannelore Wolf, Februar 2021

Omas und Corona

Wieder einmal musste ich erfahren, dass auch die schlechtesten Zeiten manchmal etwas Gutes haben. Jetzt im Jahr 2020 ist ja alles anders. Ein klitzekleiner Virus, Corona genannt, hat zugeschlagen.

Eigentlich konnte uns nichts erschüttern. Wir waren immer die Besten, doch dieser Virus hat uns die Grenzen aufgezeigt. Und das weltweit. Um die Macht von Corona mal aufzuzeigen: In den USA hat der Virus mehr Tote auf dem Gewissen als beide Weltkriege und der Vietnam-Krieg zusammen.

Um die Verbreitung zu stoppen gibt es für alle Bürger Einschränkungen der persönlichen Freiheiten. Die Familien müssen zusammenrücken und die Senioren sind als Risikogruppe besonders zu schützen. So sollten wir unsere Wohnung so wenig wie möglich verlassen, um uns der Ansteckung nicht auszusetzen.

Unsere Kinder und Enkel sind entsetzt. Keine Urlaubsreise, keine Parties, nicht einmal die Schule ist sicher. Es geht ja ein ganzes Schuljahr verloren. Da ist ja das ganze Berufsleben in Gefahr. Seltsam - die Senioren, obwohl in der höchsten Gefahrengruppe eingestuft, bleiben relativ ruhig. Allerdings kam auch das große Nachdenken. Wir waren zu lange sprachlos.

Woher sollte die Jugend wissen, dass Totalausfall der Schule, Wechselunterricht, das Lernen zu Hause (allerdings ohne Computer) uns auch nicht unbekannt ist.

War allerdings vor 75 Jahren wesentlich härter und Fördermittel gab es auch nicht. Vom Schulausfall kamen viele Schüler (ab Jahrgang 1930) nicht wieder. Sie verloren nicht nur ein Schuljahr, sondern ihr ganzes Leben für „Volk und Vaterland" in den letzten Kriegstagen. Viele lernten unsere Heimat als Flüchtlinge zu Fuß kennen. Das war für viele Familien, Opa, Oma, Eltern und Kinder wirklich verlorene Lebenszeit. Trotzdem gelang der Wiederaufbau unseres Landes und die Jugend erarbeitete sich eine gute Wissensgrundlage für eine bessere Zukunft. Wir Omas und Opas haben alles getan, unseren Kindern eine gesicherte Zukunft zu bieten. Unsere Kinder ebneten unseren Enkeln und Urenkeln alle Wege in ein gesichertes Leben.

Nur – wir vernachlässigten Eines. Das dies nicht alles selbstverständlich ist, haben wir versäumt unseren Nachkommen zu vermitteln. Da musste uns erst Corona klarmachen, dass auch unser Wohlstand nicht endlos ist. Sehr viele müssen Einschränkungen in Kauf nehmen oder haben sogar ihre Existenzgrundlage verloren. Nur wenige können das Geschehen gewinnbringend umsetzen.

Alles nur schrecklich?
Wo soll das Positive sein?

Die Extremsituation hat vielen gezeigt, was wirklich wichtig im Leben ist.

Familie, Gemeinsamkeit und gegenseitige Hilfe sind wieder als Bestandteil unseres Lebens und als Grundvoraussetzung zur Bewältigung von Notlagen erkannt worden.

Aber so ist das Leben.

Manchmal braucht man einen harten Anstoß um das Wichtigste im Leben zu erkennen.

Eva-Maria Kluck, März 2021

Wandern auf dem Teltow

Ich wand're ja so gerne
durch den Teltow über's Land.
Da sind mir viele Wege
noch völlig unbekannt.
Dann gehe ich oft stundenlang
durch eiszeitlichen Sand.
Durch Heide, Weisen, kleine Höh'n,
bin ich herumgerannt.
Ich gehe da von Ost nach West,
von Süden auch nach Nord
und komme jedes Mal
zu einem ander'n Ort.
Aber Freunde, ich bin nicht dumm.
Ich wand're auch in Teltow,
um Teltow und um Teltow herum.
Ich habe da eine große Auswahl:
Die Altstadt, die Buschwiesen, den Teltow-Kanal.
Auch die Dörfer in unseren Breiten
haben ihre schönen Seiten.
Da muß ich nicht fahren nach JwD.
Das tut nur meinem Geldbeutel weh!

Gela, 11.7.2020

Lust am Wandern

Scheint am Morgen schon die Sonne,
treffen wir uns am Bürgerhaus.
Und wir wandern voller Wonne
in das weite Land hinaus.
Im Wald und am Fluß entlang
begleitet uns der Vögel Gesang.
Der Kuckuck ruft, die Möwen schrei'n.
Wir stimmen froh in's Lied mit ein.
Und wenn einmal was nicht klappt,
sind wir gar nicht eingeschnappt.
Was kann's im Leben
Schöneres geben
als geh'n auf der Spur
von Mutter Natur.

Gela, 18.10.2020

Zum Geburtstag

Was wir Dir wünschen:

Dass Deine Träume Wahrheit werden
Dass Du gesund bleibst Tag für Tag
Dass Deine Hoffnungen nie sterben –
was immer auch geschehen mag.
Dass Du jung bleibst auch im Alter
Dass Du nicht an Grenzen stösst
Dass Du neue Ziele findest
und Konflikte sicher löst.
Dass Du Licht siehst auch im Dunkeln
und ein Feuer, ist Dir kalt.
Dass die Sterne für Dich funkeln
stets hast einen festen Halt.
Dass jeder Tag ein Anfang ist
und Du so bleibst, wie Du nun bist!

Hannelore Wolf, 2021

Das Leben in der heutigen Zeit

Wir lieben die Eltern, treiben Sport,
und leben gesund.
Wir helfen überall tüchtig mit
und halten uns immer fit.

Auch im Alter singen und tanzen wir gerne,
lieben die Natur und machen Reisen
in die Nähe und Ferne.

Wir wollen Frieden und Freundschaft
auf unserer Welt,
daß sich nicht alles dreht um's Geld.

Gela, 20.07.2021

Eine Reim-Geschichte

Ich gehe in den Wald,
da ist es ziemlich kalt.
Am Baum, der schon sehr alt –
da mach' ich einen Halt!
Des Jägers Büchse knallt –
das Echo widerhallt.
Nun wird es dunkel bald,
zu Haus' der Reginald –
er füttert unser Kalb,
dass weidet auf der Alb'.
Nun komm' ich aus dem Wald,
zu Haus' wird's warm mir bald.
Der Bello mit Gewalt –
ins Zimmer stürmt, es krallt
das Kätzchen sich an Reginald.
Es ist noch klein, sucht sicheren Halt.
Das Bellen rasch im Raum verhallt.
Wir lachen fröhlich, dass es schallt!

Hannelore Wolf, März 2021

Jubiläum im Schweriner Schloss

Malerisch auf einer Insel im Schweriner See gelegen, ist das Schloss mit seinen zahlreichen Türmen und Zinnen wie ein Märchenschloss anzusehen. Es war jahrhundertelang die Residenz der mecklenburgischen Herzöge und ist heute Sitz des Landtages von Mecklenburg-Vorpommern.

Das Bauwerk ist das bekannteste und prächtigste, der über zweitausend Schlösser und Herrenhäuser, in diesem Bundesland. Ein Reiterstandbild des Fürsten Niklot dem Ersten begrüßt die Besucher am Schlosseingang. Das Petermännchen ist der Schutzgeist des Schlosses und Wahrzeichen der Stadt Schwerin.

Von 1952 bis 1981 wurden die Räume des gewaltigen Bauwerks als Pädagogische Schule für die Ausbildung von Kindergärtnerinnen und Lehrern genutzt.

Die Studenten aus der weiteren Umgebung fanden in den vielen Zimmern internatsmäßige Unterkünfte. Seit 1990 befindet sich hier der Sitz des Landtages und Museums.

In diesem historischen Gemäuer absolvierte ich in den Jahren 1961 – 1963 meine Ausbildung zur Kindergärtnerin. Unsere Musiklehrerin gründete einen Chor, der als gemischter Chor der Pädagogischen Schule Schwerin bekannt wurde.

Ein besonderes Erlebnis war es für uns Chorsänger, als anläßlich des 10-jährigen Jubiläums der Pädagogischen Schule 1962 eine große Festveranstaltung mit den ehemaligen und derzeitigen Absolventen stattfand. Zu diesem Ereignis war vorgesehen, daß der Schulchor zusammen mit dem Staatlichen Sinfonieorchester Schwerin einen kulturellen Beitrag darbieten sollte. Die gemeinsamen Proben für die Aufführung der Chor-Fantasie von Ludwig van Beethoven – welch aufregende Stunden für uns Laien mit den Mitgliedern des Theater-Orchesters! Es war ein wunderbares Glücksgefühl, als uns nach dem Auftritt zur Festveranstaltung der Beifall der Zuhörer für unsere Mühen belohnte.

Noch heute singe ich manchmal Passagen aus der Chorphantasie, die mir im Gedächtnis geblieben sind.

Hannelore Wolf

Mir geht's gut!

O, wie wohl ist mir am Morgen,
wenn ich aufwach' ohne Sorgen.

O, wie wohl ist mir am Tage,
wenn ich eine Wand'rung wage.

O, wie wohl ist mir am Abend,
wenn er ruhig ist und labend.

Wenn ich noch genug zu essen hab',
dauert's lange, bis ich lieg im Grab.

Gela, Juli 2021

Ein Männlein steht im Walde

Des Winters eis'ge Kälte hält die Natur umfangen,
sie konserviert vergess'ne Früchte an den
Bäumen gar.
Wenn man den Weg am Feld gegangen,
nimmt dieses Wunder mancher wahr.

Die Früchte klammern fest an den verschneiten Zweigen,
sie träumen einsam ihren Lebenstraum.
Der Wind spielt auf zum wilden Reigen,
möchte' blasen Frucht und Blätter fort vom Baum.

Die Hagebutten an bereiften Stielen hängen,
man pflückte sie zur Erntezeit nicht vom Geäst.
Die Beeren eng sich aneinanderdrängen –
Ob Winterkälte sie nun sterben läßt?

Kein Mensch und Vogel holt sie zum Verzehr –
So hart gefroren weckt man kein Begehr'.
Dabei zur Reifezeit voll herbem Saft,
als Trank so manchen Rausch verschafft.

Als süßen Aufstrich es die Kinder lieben –
Wo sind die Pflücker nur geblieben?
Wenn's Frühling wird, dann Sommerzeit –
hält neue Frucht der Strauch bereit.

Es leuchten rot die reifen Beeren
und wecken sicherlich Begehren.
Was die Natur so reich beschert –
ist der Beachtung wahrlich wert!

Hannelore Wolf, Februar 2021

Das Wasser des Lebens

Ich schaue aus dem Fenster:
ein leichter Regen fällt!
Aus dunklen Wolken rieselt es
herab auf unsre Welt.
Die Erde nimmt das Wasser
mit offenen Armen auf.
Die Wurzeln in der Tiefe –
sie warten lang schon drauf.

Die Bäume wollen grünen,
mit Blüten uns erfreu'n.
Das Gras beginnt zu sprießen
und auch manch Blümelein.
Das segensreiche Wasser –
das Leben uns erhält –
es ist für alle Menschen
viel mehr als Gut und Geld.

Es ist das Blut der Erde, ist –
wie ihr tägliches Brot!
Ohne Wasser wird sie sterben,
fehlt das Nass – herrscht große Not.
Darum wollen wir es hüten,
niemals ohne Wasser sein.
Jedes Jahr treibt neue Blüten –
lasst uns dafür dankbar sein!

Hannelore Wolf, März 2021

Berlin - Prag

Unsere Abteilung, so nannte man im Jahr 1985 ein Team, hatte eine Auszeichnung erhalten. Ich glaube es handelte sich um den Titel „Kollektiv der sozialistischen Arbeit". An so einer Urkunde hing eine beachtliche Prämie, für die damalige Zeit, gemessen an der Anzahl der beteiligten Personen.

Wir waren die Allgemeinmedizinische Abteilung der Poliklinik in Teltow. Mehrere Ärzte, Medizinstudenten, Krankenschwestern und weiteres medizinisches Personal überlegten nun, was man mit dem schönen Geld anfangen könnte. Bald waren wir uns einig: Wenn jeder noch etwas drauflegen würde, könnten wir alle für zwei Nächte, d. h. drei Tage nach Prag fliegen. Die Idee war geboren und wir fieberten einem Wochenende in der „Goldenen Stadt" entgegen. Für manche war es der erste Flug überhaupt. Marcus, ein junger Praktikant hatte die gesamte Organisation übernommen.

An einem Novembermorgen war es soweit. Wir saßen in einer IL 62 der Interflug in Schönefeld mit dem Ziel, heute sagt man Destination, Prag. Das Wetter war sehr schlecht, grau in grau, Wind, Regen … aber in Prag, nur 1,5 Stunden Flugzeit weiter, würde es schön sein, hofften wir.

Die Vorfreude war groß und am liebsten hätte ich „Über den Wolken" von Reinhard May gesungen. Dieses Gefühl, frei über den Wolken einem schönen Ziel entgegen fliegen zu können, war wundervoll. Wir beneideten die Stewardessen, so hießen die schönen, schlanken Mädels damals, die Kaffeewägelchen schiebend, lächelnd und in mehreren Sprachen die Fluggäste betreuten.

Was für ein privilegierter Beruf – und was für eine Falscheinschätzung mit heutigem Wissen. Die Sitzverteilung war mit anderen Passagieren bunt gemischt. Ich hatte einen Fensterplatz und neben mir saß unser Doktor X (ich nenne ihn mal so), der Charmeur der Abteilung. Der immer „gut drauf" war, ein Frauenversteher und Typ mit Sonnenbrille und Gitarre. So manche ältere Patientin holte sich nette Komplimente und eine wohltuende Konversation mit Herrn Doktor ab und brauchte dann eigentlich auch gar kein Rezept mehr.

Nun saß dieser Held von 1,90 m Länge, blass und

schweigsam, eingezwängt neben mir. Die Maschine startete, wir hoben ab, der Freiheit entgegen. Doch die erste Turbulenz ließ nicht lange auf sich warten. Wir wurden ordentlich durchgeschüttelt. Kreidebleich gestand mir nun mein Nachbar, dass er schreckliche Flugangst habe und ob ich mal sein Händchen halten könnte? Aber gern doch! Von nun an tätschelte ich sein Schweißhändchen. Zwischen wiederkehrenden Rüttelungen und Turbulenzen sagte ich, dass das nicht so schlimm sei. „Wir fliegen doch nur bis Prag, nicht nach Australien und in einer guten Stunde sind wir am Ziel". Ich glaube meine Worte drangen weder an sein Ohr noch ins Bewusstsein.

Dieser Flug war alles andere als schön. Das Unwetter hatte inzwischen auch Prag erreicht, sodass wir keine Landeerlaubnis bekamen. Der Pilot informierte die Flugreisenden, dass er nun noch ein paar Runden über Prag drehen werde und dann würde es schon klappen mit der Stadt an der Moldau. Nach einem letzten Schlenker im Flieger kam die Ansage, dass wir doch nicht landen können und zurückfliegen müssen nach Berlin. Die Enttäuschung war groß – Prag ade –, wenn auch Einige von uns, glaube ich, nur noch raus wollten aus dem geschüttelten Käfig.
Der Rückflug war etwas ruhiger und mein Held ne-

ben mir wechselte seine Gesichtsfarbe von grünlich in blass. Ich war beruhigt, hielt er doch immer noch die spezielle Tüte bereit, „Für alle Fälle"! Nach einer schwierigen Landung in Schönefeld, flüchteten wir in die Trabis, die uns enttäuscht und erleichtert zugleich nach Hause brachten. Auf Grund „Höherer Gewalt" und durch viele Bemühungen unseres „Bald-Doktors" Marcus haben wir das Geld zurückerstattet bekommen.

Im darauf folgenden Jahr im Frühling fand die Stadtbesichtigung von Prag dann statt, mit all ihren Schönheiten. Wir liefen über die Karlsbrücke mit den schönen Laternen. Die Moldau da unten spielte uns die tolle Musik von B. Smetana ins Herz. Waren auf der Prager Burg, dem Wenzelsplatz, im Veitsdom und an der Statue des St. Nepomuk, schlenderten durchs „Goldene Gässchen" und tranken Schwarzbier im U-Fleku. All das haben wir erlebt, später als gedacht und zur Entschädigung mit Sonnenschein. Schön war's im goldenen Prag. Mit der IL 62 flogen wir zurück nach Berlin und genossen diesmal wirklich 1,5 Stunden die legendäre Freiheit über den Wolken.

Ende gut – alles gut.

Margrit Prauß, März 2021

Der Wespenstich

„Die Wespe ist ein nützlich' Tier,
beliebt bei mancher Pflanze.
Doch wenn sie sticht – dann wehe dir –
da geht sie voll auf's Ganze!"

So geschah es mir auf dem Heimweg nach der Buchlesung der Geschichten – Sammlerinnen:

Guter Laune nach der erfolgreichen Veranstaltung – war ich in eifrigem Gespräch mit meinem Mann vertieft. So nahmen wir das schwarz-gelb-gestreifte Insekt nicht wahr, das sich lautlos näherte. Es ließ sich unbemerkt auf dem Zeigefinger meiner linken Hand nieder.

Plötzlich entdeckte ich den Störenfried – schließlich ist mein Finger keine Pflanze! Impulsiv reagierte ich – leider zu hastig – bei dem Versuch, die Wespe zu entfernen. So kam es, wie es kommen musste: Sie wehrte sich und stach – half mir auch kein „Weh und Ach" – wie es so passend im Lied vom Heideröslein heißt. Der Schmerz breitete sich rasch aus und das Wespengift verursachte eine leichte Schwellung.

Daheim angekommen griff ich zu einer Zwiebel und behandelte die schmerzende Einstichstelle damit. Dieses bewährte Mittel verwendeten unsere Mütter bereits in früheren Jahren. Da geschah es häufig, dass eines der barfüßigen Kinder auf den Wiesen den Stich einer Biene oder Wespe zu spüren bekam.

Und die Moral von der Geschicht'? Hältst du den Finger still – dann sticht die Wespe nicht!

Hannelore Wolf

Wer ein Wespenvolk stört ...

Das Ereignis vom kürzlich erlebten Wespenstich rief die Erinnerung an ein ähnliches, aber weitaus stärkeres Geschehnis in meiner Kindheit wach.

Wir wohnten in einem kleinen Mecklenburger Dorf – meine Mutter und wir vier Kinder. Zur Versorgung der Familie hielt unsere Mutter ein paar Hühner, von einem stolzen Gockel stets bewacht. So gab es nicht nur Eier – zu besonderen Anlässen musste schon mal ein argloses Huhn sein Leben für eine leckere Mahlzeit opfern. Die Bauern des Dorfes fütterten in ihren Ställen Schweine für den eigenen Bedarf und zum Verkauf. Sie gaben bei einem Ferkelwurf mit reichem Nachwuchs die schwächsten Frischlinge gegen geringes Entgelt ab.
So landete auch eines davon bei uns im Schuppen in einem Verschlag. Es wurde mühselig aufgezogen und umsorgt. Sobald aus dem winzigen, hilfebedürftigen Tierkind ein kräftiges Ferkel geworden war, benötigte es naturgemäß reichlich Futter. So erging an uns Schwestern der Auftrag, Grünfutter für unseren Allesfresser zu beschaffen. Zur Ausstattung für diese ungeliebte Aufgabe gehörten Handschuhe, kleine

Messer sowie ein großer Sack. Damit ausgerüstet zogen wir zu den Stellen, an denen reichlich Brennnesseln und Disteln wuchsen. Diese Pflanzen eigneten sich wunderbar zur Verpflegung unseres Haustieres. Kleingehackt und mit Kartoffelschalen, Kleie und anderen Zusätzen vermischt, ergab es ein köstliches Mahl für das ständig hungrige Schweinchen.

Wir Mädchen bemühten uns, den Sack mit den unangenehmen Unkräutern rasch zu füllen. Die Brennnesseln brannten bei unachtsamer Berührung auf der Haut. Die Stacheln der Disteln piekten, selbst durch den Stoff der Kleidung hindurch, empfindlich.

Eines Tages, als wir eifrig der Erfüllung unserer wichtigen Aufgabe nachgingen, fanden wir an einem Strohhaufen reichlich von den gesuchten Pflanzen. Allerdings war das aufgehäufte Stroh bewohnt: Ein ständiges Summen warnte uns vor einem Wespenvolk, das sich hier einquartiert hatte. Trotzdem gaben wir den ausgewählten Ort nicht auf.

Die Wespen fühlten sich aber durch unser Tun in ihrer Ruhe gestört. Unerwartet verließen sie ihr Nest, um einen wütenden Angriff gegen ihre Feinde zu starten. Wir Mädels ergriffen mit dem halbvollen Sack die Flucht und versuchten, der Attacke der laut brummenden Wespen zu entkommen.

Leider waren die aggressiven Insekten nicht so leicht abzuschütteln – sie flogen schneller, als wir laufen konnten. Ihr Angriff konzentrierte sich auf unsere unbedeckten Köpfe. Trotz kräftigem Haarwuchs und der Abwehr mit den in Handschuhen steckenden Händen gelang es ihnen, uns mehrfach Stiche in den Kopf zu versetzen.

Endlich außer Reichweite der gefährlichen Insekten und völlig atemlos konnten wir erst einmal verschnaufen. Ich spürte die Wirkung der giftigen Stiche unsagbar schmerzhaft auf meiner Kopfhaut. Ein Gefühl, als ob mein Schädel gleich zerspringt, breitete sich aus. Schreiend und weinend rannten wir heim. Unsere Mutter leistete sofort erste Hilfe in der Not. Sie kannte aus Erfahrung die Hausmittel, welche uns in unserem Zustand Linderung bringen konnten. So endete diese Geschichte zum Glück für uns glimpflich.

Sie war für die Zukunft eine wahrhaft schmerzliche Lehre!

Hannelore Wolf, Oktober 2021

Der Urlaub

Sommer, Sonne, Strand und mehr ...
wir brauchten Urlaub, sogar sehr.

Die „Wende" nun Geschichte war,
das Geld recht klein,
die Hellenen – Griechenland musste es sein.

Im Bus durch Europa zwei Tage plus Nacht,
wer hat an solche Strapazen gedacht?

Schnell war alles dann vergessen,
als wir am Strand in der Sonne gesessen.

Das Hotel war klein und nur ein bisschen fein,
doch gut war er, der griechische Wein.

Tag eins Frühstück am Morgen,
es gab viele Sorgen.

Danach lockte das Meer azurblau, so schön!
Doch was war das, was war da zu sehn?

Quallen riesig und überall gefühlt.
Des Nachts hat ein Sturm sie angespült.

Baden ab jetzt an anderem Ort,
manchmal fuhr der Bus dahin schon frühzeitig fort.

Dann kam die Nacht und mit ihr die Stille.
Geräusche, nicht zu deuten – vielleicht hilft 'ne Pille?

Nein, schnell war es klar.
Die Maus fands schön bei uns, ist wahr.

Ein anderes Zimmer ohne Maus.
Viel besser wurde es nicht und der Urlaub war aus.

Ellen Wutschik, Mai 2021

Gute Wünsche

Dein Leben sei immer froh,
sinnvoll und von guten Taten erfüllt.
Es spende dir Kraft und Herzlichkeit
und schenke dir die Hoffnung,
daß dieses Leben noch lange dauern wird.

Gela 29.05.2021

Die Natur sei dir wohl gesonnen
und gebe dir Mut und Ausdauer,
das Leben zu meistern.
Sie erfülle dein Herz
mit Güte und Frohsinn sowie Kraft,
die Steine, die auf deinem Weg liegen,
ohne Schwierigkeiten fortzuräumen.

Gela 19.06.2021

Sonnenblumen

Sonnenblumen über'n Zaun
die Köpfe strecken,
man sieht sie aller Orten,
in den Gärten – hinter Hecken.

Sie wachsen in den Himmel hoch hinauf –
der Sonne geradewegs entgegen.
Kein Sturm, kein Regen hält sie auf –
zur Freude für den Menschen und
für die Vöglein ein Segen.

Du gelb und braun gefärbte Sonnenblume –
du größte aller Garten-Damen –
die nun im kleinen Gärtchen steh'n,
sie wuchsen alle aus den bunten Samen.

Du trägst auf deinem Kopfe
einen gelben Kranz,
du tanzt im kühlen Winde
deinen Wiege – Tanz.

Die reifen Kerne locken –
schwarz lackiert und matt,
die Vöglein eifrig picken –
sie sind noch lang' nicht satt.

Wenn leer und kahl der Körper
vom Sonnenblumenkopf –
dann naht alsbald das Ende
für diesen Futtertopf.

Er hat seinen Teil gegeben:
Als Blüte eine Zier,
als reicher Nahrungsspender:
WIR DANKEN DIR DAFÜR!

Hannelore Wolf, Oktober 2021

Kalendersprüche

1. Das Leben ist meist schön.
   Drum laß keinen Tag
   ohne Freude vergeh'n!

2. Das Leben ist so bunt
   und Lachen ist gesund.

3. Was nützt dir Gut und Geld,
   hast du keinen Freund
   auf dieser Welt?

4. Borgen bringt Kummer und Frust.
   Deshalb sorge dafür,
   daß du nicht borgen mußt!

5. Lächeln ist wie ein Licht,
   als ob das Herz mitspricht.

6. Ein Lächeln sagt mehr
   als eine Ansprache.

7. Wahre Freude tut dir gut.
Heiterkeit ist ein Lebenselixier.
Lachen ist Treibstoff im Leben.

8. Gesundheit und ein heiterer Sinn
führen dich leicht durchs Leben hin.
(nach Fontane)

9. Nimm die kleinen Dinge ernst
und ernste Dinge gelassen,
dann wirst Du besser
durchs Leben kommen!

10. Jeder Wutanfall läßt uns altern,
jedes Lächeln macht uns jünger.

11. Schweige und höre zu,
dann wirst du viel Neues erfahren.

12. Hab' nicht Angst was zu verpassen.
Man muß eben der Zeit Zeit lassen.

13. Singe und sei froh,
öffne der Heiterkeit Tür und Ohr.
Sei Optimist, dann ist das Leben kein Problem.

14. Glück tritt gern in ein Haus,
    wo gute Laune wohnt.

15. Glaube nicht alles, was du hörst.
    Sage nicht alles, was du willst.
    Tue nicht alles, was du magst. (Luther)

16. Man kann nicht das Glück erjagen.
    Lern' überwinden und entsagen
    und ungeahnt kommt es zu dir. (Fontane)

Gela, 2020

Die zwölf Monate und ihre Jahreszeiten

Ein Jahr beginnt stets mit dem Winter,
er zieht sich hin, das freut die Kinder.
Im Januar, Februar, März sogar,
ist das Wetter wie am Polar.

Der Frühling ist als nächster dran,
im März es schon ganz warm sein kann.
April, Mai und der Juni auch,
erfreuen mit Blumen, Gräsern, Lauch.

Der Sommer steht im Juni parat,
da gibt es schon ein paar heiße Grad.
Im Juli, August – bis in den September hinein,
genießt ein Jeder den Sonnenschein.

Der September in seiner ganzen Pracht,
verzaubert den Herbst mit stiller Macht,
Im Oktober, November und Dezember
erleuchten die Kerzen, werden die Abende länger.

Das Jahr geht zu Ende,
und wer ist wieder da,
wenn ich das Kalenderblatt wende?

Der Winter.

Und wenn es schneit –
rufen die Kinder –
Hurraaa –
es ist Rodelzeit.

Ellen Wutschik, September 2021

Wahrheiten

- Es ist beschwerlich, immer so zu leben, wie es die Leute von einem erwarten.

- Es hat wenig Sinn, der reichste Mensch auf dem Friedhof zu sein.

- Für unsere Bequemlichkeit ist uns nichts zu anstrengend.

- Man kommt eher ins Gerede als ins Gespräch.

- Der gesündeste Zahn ist der Zahn der Zeit. Er zernagt alles, ohne daß er ausbricht.

- Gift bleibt Gift - sogar die Mitgift.

- Nichts tun in der Arbeit kann nur ein Brief-kasten.

Gela

Ein neues Jahr? Besser?

Die Hoffnung stirbt bekanntlich zuletzt

Warum so miesepetrig? Na ja – mir hängt noch das Warten auf den schönen Spätsommer in den Gelenken. Allerdings muss man berücksichtigen, dass die auch schon immerhin sechsundachtzig Jahre alt sind. Tröstlich ist, dass es auch schon mit sechzig nicht viel anders ist. Ist ja auch nicht gerade die Gesundheit fördernd, was uns Petrus als unser Wettergott in den letzten Jahren so zumutet.

Erst ein Sommer, der eine Regenzeit gewesen ist, dann zwei Sommer, wo selbst übergewichtige Personen durch ständiges Schwitzen an Kilos verloren. Es sei denn sie haben kiloweise Eis gegessen. Das ist also der Klimawandel. Die Sommer werden wärmer und wir müssen uns anpassen. Die Sommerbekleidung wird eben aufgestockt.

In diesem Jahr hat sich Petrus aber nun etwas Besonderes ausgedacht. Nach einem schönen Sommerbeginn hat er uns dann geschafft. Temperaturen über dreißig Grad, aber als besonderes Schmankerl mit Regen vermischt. Jetzt weiß ich warum meine

Mutter, wenn sie die Wäsche für unseren Fünfpersonenhaushalt in der Waschküche (so was gab es so um 1934 noch) wusch, immer so fix und fertig war. Haben wir es jetzt doch gut. Waschmaschine an und während diese arbeitet, können wir gemütlich Kaffee trinken. Das Wetter hatte in diesem Jahr den gleichen Effekt wie die Waschküche. So gab es zu den Gelenkschmerzen auch noch Kreislaufbeschwerden dazu. Nun habe ich Sorge, dass der Herbst auch nicht das ist, was wir uns wünschen.

Macht aber nichts. Ist ja schließlich bald Weihnachten. Sie meinen das dauert noch? Kann nicht sein. In meinem Supermarkt hat man schon umgeräumt und eine ganze Regalfront mit Weihnachtsgebäck ausgestattet.
Meine Drogerie hat die Adventskerzen im Angebot und die Versandhauskataloge haben auch schon, angefangen von der Weihnachtsdekoration bis hin zum fertig geschmückten Weihnachtsbaum, alles anzubieten. Ach so, beinahe hätte ich den am Haus empor kletternden Weihnachtsmann vergessen.

Sie haben natürlich Recht.
Kalendarisch sind es noch zwei Monate bis zur Vorweihnachtszeit. Das ist von der Sache her gut so.

Nichts ist doch so schön wie die Vorfreude. Durch den vorgezogenen Verkaufsrummel wird der Erwartung auf die Weihnachtstage jede Freude genommen. Direkt gesagt: "Ich kann im Dezember das ganze Weihnachtszeug nicht mehr sehen".
Das Allerschlimmste ist jedoch, dass man durch die vorgezogenen Angebote und Werbung, so abgestumpft ist, dass man den eigentlichen Zeitpunkt versäumt. Noch nie sind so viele Leute am Tag vor Heiligabend losgerannt, um die Geschenke zu besorgen, wie in der heutigen Zeit.

Mag es meine Alterssturheit sein, oder mein Hang zur Nostalgie, vielleicht bin ich auch nur rückständig, ich richte mich nach unserer Tradition. So beginnt für mich die Weihnachtszeit mit dem ersten Advent und dem auch heute bei den Kindern noch beliebten Nikolaustag.
Jetzt kommt erst einmal der Herbst und ich hoffe, dass Petrus sich an die Kalenderdaten hält und uns das entsprechende Wetter bringt, damit das Jahr mit seinem letzten Viertel in guter Erinnerung bleibt. Dann können wir wenigstens wettermäßig auf ein gutes Jahr 2022 hoffen.

Eva-Maria Kluck

Klassentreffen

Mittelschule vor 50 Jahren –
Sind wir noch die, die wir mal waren?
Was ich bin, weiß ich, doch der Rest?
Gar spannend so ein Klassenfest!

Wir war'n so jung und hatten Träume –
Was wurde draus, war'n es nur Schäume?
All die Ideen und Ideale?
Heut trifft man sich in einem Saale.

Und bei Bierchen und Buffett
Gibt's ein großes hey, juchhe –
wenn man erkennt,
wer da grad kommt.
Bei manchem auch der Name prompt
fällt einem ein,
beim andern nicht. –
Ja schon, man kennt zwar das Gesicht,
vielleicht die Stimme, die Frisur
oder aber die Figur?

Fast alle sind sie heute schicker,
nicht selten auch ein wenig dicker.

Die Freude sei uns unbenommen,
doch langsam ahnen wir beklommen:
Man muß den Fakten ins Gesicht seh'n,
die Zeit – sie läßt sich nicht zurückdreh'n.

Zwei Jahre Rehna: Freud und Leid –
sie liegt so fern, die Jugendzeit!

Wir wollen heut an Vergangenes denken,
der Gegenwart Beachtung schenken.
Und was die Zukunft uns beschert? –
Sie ist ein Prosit sicher wert!

Hannelore Wolf, 2011

Die Autoren:

GELA (Jahrgang 1943)
Hobbies: Theatergruppe, Wandern

Eva-Maria Kluck (Jahrgang 1935)
Geboren in Berlin, von 1936 bis 1997 in Kleinmachnow gelebt, danach in Stahnsdorf.

Berufe: Maßschneiderin und Wirtschaftskauffrau Sie war als Angestellte im Rat der Gemeinde Kleinmachnow, in der Landwirtschaftsbank in Potsdam und von 1975 bis 2000 im Gesundheitswesen (Geschäftsleitung, ab 1997 Leiterin des Seniorenbüros AVUS) in Teltow tätig.

Hobbys: Aus dem Leben schreiben: Anekdoten, bissige Leserbriefe, Glossen und Familiengeschichte, ehrenamtliche Tätigkeit in Selbsthilfegruppen.

Margrit Prauß (1947)
ist in Sachsen geboren und aufgewachsen.

Beruf: Krankenschwester, Ausbildung med. Fachschule Hubertusburg Wermsdorf.

Seit 1969 wohnt sie in Teltow, hat 2 Töchter und 4 zauberhafte Enkelkinder. Sie liebte immer schon „Deutsch" in der Schule, schrieb gerne Aufsätze, später Briefe. Gedanken, Erinnerungen und Erfahrungen aus ihrem Leben zu formulieren macht ihr viel Freude und sie gibt diese gern weiter.

Hannelore Wolf (Jahrgang 1944)
geboren in Westpreußen, nach der Flucht aus Danzig in Mecklenburg aufgewachsen, Ausbildung zur Kindergärtnerin im Schweriner Schloß. Umzug 1963 nach Leipzig, Heirat und Umzug 1967 nach Teltow.

Tätig als Kindergärtnerin, Wechsel in die GRW-Bibliothek, nach der Wende als Sachbearbeiterin im Sozialamt Teltow, seit 2009 Rentnerin.
Sie ist verheiratet, hat 3 Kinder und 4 Enkelkinder.

Hobbys: Singen im Chor, Mitglied einer Sportgruppe, Reisen und Tanzen, Verfassen von Versen zu bestimmten Anlässen sowie spontanes Schreiben kleiner Gedichte!

Ellen Wutschik (Jahrgang 1964)
Geboren in Potsdam-Babelsberg

Carmen Sabernak (Jahrgang 1958)

Schreibt am liebsten mit Blick auf das Meer oder auf ihrer Rosenbank im Familiengarten.

Bisher erschienen

Aus der Reihe „Perlen unserer Erinnerung" sind bereits (im BoD Verlag zum Preis von 5,00 Euro) erschienen:

„Hannas Weihnachtsengel" erschienen 2013
ISBN: 9783732280414

„Begegnungen im Leben" erschienen 2013
ISBN: 9783732280889

„Verlust und Wiederfinden" erschienen 2015
ISBN: 9783734745812

„Elli" erschienen 2015
ISBN: 9783734769276

„Mein Berlin - Mitten mang und Dichte bei" erschienen 2015
ISBN: 9783738613599

„Am Wege blüht Vergissmeinnicht" erschienen 2015
ISBN: 9783738629262

„Singen und Wandern - das ist unser Leben" erschienen 2015
ISBN: 9783738659931

„Jahreswende - von Anfang bis Ende" erschienen 2016
ISBN: 9783741276798

„Sehnsucht, Glück und Bäume" erschienen 2017
ISBN: 9783848257195

„Täuscht der schöne Schein?" erschienen 2018
ISBN: 9783748111948

„Winterperlen" erschienen 2018
ISBN: 9783748101093

„Sommer-Zeit-Reise" erschienen 2019
ISBN: 9783748146964

„Geflüster bei Kerzenshein" erschienen 2019
ISBN: 9783750401877

„Meine Heimat Kleinmachnow" erschienen 2020
ISBN: 9783751930772

„Meine - Deine - unsere Schulzeit" erschienen 2020
ISBN: 9783751950497

„Durch das Jahr" erschienen 2020
ISBN: 9783752672176

„Winterzeit" erschienen 2020
ISBN: 9783752672169

„Mystische Geschichten" erschienen 2020
ISBN: 9783752672190

„Liebesbriefe" erschienen 2021
ISBN: 9783755741084

„Alte Schätze" erschienen 2021
ISBN: 9783755741275